Gröls Verlage

„BÜCHER SIND WIE FALLSCHIRME. SIE NÜTZEN UNS NICHTS, WENN WIR SIE NICHT ÖFFNEN."

Gröls Verlag

Redaktionelle Hinweise und Impressum

Das vorliegende Werk wurde zugunsten der Authentizität sehr zurückhaltend bearbeitet. So wurden etwa ursprüngliche Rechtschreibfehler *nicht* systematisch behoben, denn kleine Unvollkommenheiten machen das Buch – wie im Übrigen den Menschen – erst authentisch. Mitunter wurden jedoch zum Beispiel Absätze behutsam neu getrennt, um den Lesefluss zu erleichtern.

Um die Texte zu rekonstruieren, werden antiquarische Bücher von Lesegeräten gescannt und dann durch eine Software lesbar gemacht. Der so entstandene Text wird von Menschen gegengelesen und korrigiert – hierbei treten auch Fehler auf. Wenn Sie ebenfalls antiquarische Texte einreichen möchten, finden Sie weitere Informationen auf www.groels.de

Viel Freude bei der Lektüre wünscht Ihnen das Team des Gröls-Verlags.

Adressen
Verleger: Sophia Gröls, Im Borngrund 26, 61440 Oberursel
Externer Dienstleister für Distribution & Herstellung: BoD, In de Tarpen 42, 22848 Norderstedt

Unsere „Edition | Kleine Klassiker" versammelt über hundert unbestrittene Klassiker der Weltliteratur in einem ästhetisch anspruchsvollen und handlichen Format.

Die Gröls-Klassiker-Editionen gehören heute mit ungefähr tausend Werken zu den größten Sammlungen klassischer Literatur im deutschen Sprachraum. Wir kultivieren und kuratieren damit einen der wertvollsten Bereiche der abendländischen Kultur. Kleine Auswahl:

Francis Bacon • Neues Organon • **Balzac** • Glanz und Elend der Kurtisanen • **Joachim H. Campe** • Robinson der Jüngere • **Dante Alighieri** • Die Göttliche Komödie • **Daniel Defoe** • Robinson Crusoe • **Charles Dickens** • Oliver Twist • **Denis Diderot** • Jacques der Fatalist • **Fjodor Dostojewski** • Schuld und Sühne • **Arthur Conan Doyle** • Der Hund von Baskerville • **Elisabeth von Österreich** • Das Poetische Tagebuch • **Friedrich Engels** • Die Lage der arbeitenden Klasse • **Ludwig**

Feuerbach • Das Wesen des Christentums • **Fitzgerald** • Zärtlich ist die Nacht • **Flaubert** • Madame Bovary • **Theodor Fontane** • Effi Briest • **Robert Musil** • Über die Dummheit • **Edgar Wallace** • Der Frosch mit der Maske • **Jakob Wassermann** • Der Fall Maurizius • **Oscar Wilde** • Das Bildnis des Dorian Grey • **Mark Twain** • Huckleberry Finns Abenteuer und Fahrten • **Anton Tschechow** • Die Möwe • **Ludwig Tieck** • Der gestiefelte Kater • **Jonathan Swift** • Gullivers Reisen • **Robert Louis Stevenson** • Die Schatzinsel • **William Shakespeare** • Othello • **Arthur Schopenhauer** • Die Kunst, Recht zu behalten • **Felix Salten** • Bambi • **Platon** • Der Staat • **Arthur Schnitzler** • Traumnovelle • **Friedrich Schiller** • Wilhelm Tell • **Karl May** • Winnetou • **Franz Kafka** • Der Prozeß • Platon • Verteidigungsrede • **Jules Verne** • Reise nachdem Mittelpunkt der Erde • **Leo Tolstoi** • Auferstehung • **August Strindberg** • Inferno • **Julius Stinde** • Familie Buchholz • **Wilhelm Raabe** • Die schwarze Galeere • **Friedrich Nietzsche** • Götzendämmerung • **Gotthold Ephraim Lessing** • Emilia Galotti • **Immanuel Kant** • Kritik der Urteilskraft • **James Fenimore Cooper** • Der Spion • **Sigmund Freud** • Das Ich und das Es *und viele weitere Werke….*

Elizabeth Barrett-Browning

Portugiesische Sonette

Übersetzung von

Hans Böhm

1.

Ich dacht' an Theokrit, wie
er gesungen
Die süßen Jahre, die
ersehnten, lieben,
Die in den Gnadenhänden
eine Gabe

Hernieder tragen jedem
Sterblichen.
Und als ich nachsann seinem
alten Ton,
Erdämmerten vor mir durch
meine Tränen
Die traurig süßen,
schwermutvollen Jahre,
Ach *meine* Jahre, und ein
jedes warf
Ein Dunkel über mich.
Und wie ich weinte,
Glitt's hinter mir

geheimnisvoll heran

Und bog am Haar mich

rückwärts, und es scholl

Gebietend in mein Sträuben:

„Rate nun,

Wer hält dich?“ Und ich

flüsterte: „Der Tod!“

Doch silbern tönt' es wider:

„Tod nicht, ... Liebe.“

2.

Jedoch nur drei in Gottes

großem All

Vernahmen jenes Wort aus
deinem Mund:
Er neben dir, der's sprach,
und mir, die lauschte.
Und einer gab die Antwort, –
das war Gott ...,
Und wie um meinem Auge
deinen Anblick
Ganz zu entziehn, legt' er auf
meine Lider
So dunkeln Fluch, daß ich
von dir nicht mehr
Geschieden wäre, wenn des

Todes Siegel
Auf ihnen lägen.
O mein Freund, ein „Nein"
Von Gott ist härter als von
aller Welt.
Kein Streit der Menschen
könnt' uns jemals scheiden,
Kein Meer uns wandeln,
beugen uns kein Sturm,
Es fänd' sich über Berge
Hand zu Hand,
Und stürzte zwischen uns
der Himmel ein,

Nur fester schwür'n wir uns
trotz allen Sternen.

3.

Ungleich sind wir, ungleich,
du fürstlich Herz!
Ungleich ist unser Dienst, ist
unser Los.
Erstaunen blickt das Auge
unsrer Engel,
Wenn ihrer Schwingenpaare
Flug sich kreuzt.

Besinn dich: du bist Gast von

Königinnen,

Vorsänger du bei Fest- und

Schaugepräng,

Und Pfänder schicken

hundert Augen dir,

Viel strahlender als so in

ihren Tränen

Je meine leuchten können.

Was blickst du

Aus hellen Erkerscheiben

her auf mich,

Die arme Pilgerin, die an

Zypressen

Müde gelehnt ihr Lied

durchs Dunkel singt?

Salböl auf deinem Haupt, auf

meinem – Tau!

Der Tod erst gräbt ein Bett,

wo das sich eint.

4.

Hoher Gedichte anmutvoller

Sänger,

Paläste rufen dir, wo sich die

Reigen

Der Tänzer lösen, um nur zu

erlauschen,

Was dir von liebevoller

Lippe quillt.

Und du hebst dieser Pforte

Riegel auf,

Die zu geringe sind für deine

Hand?

Und du kannst es erdenken

und ertragen,

Die Töne unbemerkt vor

meiner Tür

In Falten goldner Fülle
hinzugießen?
Blick auf und sieh: die
Fenster sind zerbrochen,
Im Dache nisten Kauz und
Fledermaus,
Und wider deine Laute zirpt
mein Heimchen.
Still! ruf kein Echo wach,
daß dir's die Öde
Noch stärker zeige. – Drin ist
eine Stimme,

Die weint, gleichwie du

singst, ... allein, verloren.

5.

Ich hebe feierlich mein

schweres Herz

Empor, wie einst Elektra ihre

Urne,

Und in dein Auge blickend

schütt' ich dir

Zu Füßen aus die Asche.

Schau dahin:

Welch Berg des Grames lag

in mir, wie trübe
Glühn durch das Aschengrau
die wilden Funken.
Und wenn dein Fuß
verächtlich sie zerträte,
Bis alles schwarz, –
vielleicht, es wäre gut.
Doch willst du bei mir
harren, daß der Wind
Den grauen Staub aufblase, –
– auch der Lorbeer
Auf deinem Haupt wird dich
nicht so beschirmen,

Daß nichts von all den

Gluten dir dein Haar

Versengte. Liebster, tritt

zurück denn! Geh.

6.

Ja, geh von mir! Ich aber fühl

es tief,

Daß ich hinfort in deinem

Schatten steh'.

Nie werd' ich meiner Seele

mehr gebieten

Allein auf meines eignen

Lebens Schwelle,
Nie heiter mehr die Hand
zur Sonne heben,
Daß ich nicht wüßte, was ich
mir versagt:
Den sanften Druck von
deiner Hand in meiner.
So weit uns auch das
Schicksal scheiden mag,
Dein Herz bleibt doch in mir
mit Doppelpulsen.
Was ich nun tu und träume,
schließt dich ein,

Wie Wein nach seinen

Trauben duften muß.

Und ruf ich Gott um

meinetwillen an,

So hört er deinen Namen

und erblickt

In meinem Aug' die Tränen

von uns beiden.

7.

Der ganzen Welt Gesicht ist

mir verwandelt,

Seit ich zuerst die Schritte

deiner Seele

Sich stille, still um mich

bewegen hörte.

Wie stahlen sie sich leise

zwischen mich

Und sichern Todes

grauenvollen Abgrund,

Und als ich zu versinken

schon gewähnt,

Da ward ich aufgefangen in

die Liebe,

Und alles Leben schlug in

neuem Puls.

Den Leidenskelch, den Gott
als Taufe gab,
Ich mag ihn willig trinken
und ich preise
In deiner süßen Nähe seine
Süße.
Wo du bist oder wo du
hingehn willst,
Das nenn ich „Heimat“ jetzt
und nenn ich „Himmel“.
Und meine Laute hier und
dies mein Lied,
Einst so geliebt (die

Engelchöre wissen's),

Sind nun allein mir teuer,

weil dein Name

So recht und rein in ihren

Tönen lebt.

8.

Du fürstlich großer Geber,

was kann ich

Dir wiedergeben? – der du

deines Herzens

Purpur und Gold, unzählbar,

fleckenlos,

Gebracht hast und in
unerahnter Großmut
Vors Haus gelegt, daß eine
so wie ich
Es nach Belieben nehme
oder lasse.
Bin kalt ich, undankbar, daß
dieser Gaben
So reiche Fülle ich mit nichts
vergelte?
Nicht das! nicht kalt! nur
arm; Gott weiß es wohl.
Denn viele Tränen wuschen

mir die Farben

Von meinem Leben, und

zurück blieb nur

Ein Stoff so tot und bleich, –

es wär' nicht ziemend,

Ihn deinem Haupt als Kissen

hinzulegen.

Nein, er ist eben gut für

deinen Fuß.

9.

Ist's recht, zu geben, was ich

geben kann?

Zu dulden, daß du unter
dieser Tränen
So bittrem Fließen stehest,
daß du hörst,
Wie meine seufzenden Jahre
immer wieder
Auf den entsagenden Lippen
mir erseufzen,
Den Lippen, wo trotz all
deiner Beschwörung
Ein seltnes Lächeln nicht
mehr leben will?

O meine Angst, das sei nicht
recht getan!
Wir sind nicht gleichen
Rangs für *eine* Liebe.
Ich sag, und sag's mit Gram:
wer solche Gaben
Wie meine gibt, der ist nicht
edelmütig.
O nein, ich will mit meinem
Staube nicht
Den Purpur dir beflecken,
will mein Gift
Nicht hauchen an dein

venezianisch Glas,

Nicht Liebe geben, die ein

Unrecht wäre.

Liebster, ich lieb dich nur!

Laß es geschehn.

10.

Doch Liebe, einfach Liebe,

ist schon köstlich,

Ist wohl des Nehmens wert.

Das Feuer leuchtet,

Gleichviel ob Tempel

brennen oder Werg,

Unkraut und Zedern glühn
mit gleichem Licht.
Und Lieb' ist Feuer. Wenn
ich sagen muß:
„Ich liebe dich!“ – gib acht –
“ich liebe dich!“
Steh ich verklärt vor dir,
verherrlicht da
Und fühl mein Antlitz
leuchten wider dich.
Nichts ist gering in des
Geringsten Liebe.
Wer Gott liebt, sei's ein

Wurm, Gott nimmt ihn an.
Und was ich *fühle*,
überstrahlt wie Blitz
Die matten Züge dessen, was
ich *bin*:
So wächst Natur durchs
große Werk der Liebe.

11.

Und so, wenn Lieben eine
Würde leiht,
Bin ich nicht ganz unwert.
So blasse Wangen

Wie diese, die du siehst,

zitternde Kniee,

Zu schwach für eines

schweren Herzens Last,

Dies müde Sängerleben,

einst gegürtet,

Auf Höhn zu steigen, da kein

Vogel schweift,

Und kann nun kaum mit

schwermutvoller Weise

Der Nachtigall des Tales

noch erwidern, –

Doch warum deut' ich noch

auf diese Dinge?

Es ist so klar, Geliebter: ich

bin nicht

Von deinem Werte, noch für

deinen Platz.

Und doch, weil ich dich

liebe, so empfang ich

Von dieser Liebe die

befrei'nde Gnade,

Weiter zu lieben – und doch

ohne Wunsch,

Zu segnen dich, – doch vor

dir zu entsagen.

12.

Und diese Liebe, die mein
Rühmen ist,
Und die, wenn sie vom
Herzen steigt zur Stirn,
Mich krönt mit also
glühendem Rubin;
Daß auf mich blicken
müssen alle Augen
Und seine innre Herrlichkeit
erkennen, –
Selbst diese Liebe, all mein

einziger Wert:

Nicht einmal lieben würd'

ich, wenn nicht du

Das Vorbild mir und Beispiel

hättst gegeben,

Als deine ernsten Blicke mit

den meinen

Sich kreuzten und die Lieb'

nach Liebe rief.

So kann ich selbst nicht von

der Liebe sprechen,

Als wäre sie ein Gut, das mir

gehört.

O du hast meine kraftlos

matte Seele

Emporgerafft auf goldnen

Thron zu dir,

Und daß ich liebe – sei

demütig, Herz! –

Ist nur durch dich, den

Einz'gen, den ich liebe.

13.

Soll ich die Liebe, die zu dir

ich trage,

Mit vielen Worten dir in

Rede fassen?

Soll zwischen uns ich in den

Sturm hinaus

Die Fackel halten, um auf

jedes Antlitz

Ein Licht zu werfen? Nein,

ich laß sie fallen.

Ich kann die Hand nicht

lehren, meinen Geist

So weit von mir zu halten,

daß in Worten

Ich dir von einer Liebe

zeugen könnte,

Die in mir unerreichbar tief

sich birgt.

Nein, aus dem Schweigen

meines Frauentums

Nimm das Vertraun zu

meiner Frauenliebe,

Weil all dein Werben mich

noch nicht gewinnt

Und ich mit schweigender

furchtloser Stärke

Mein Lebenskleid zerreiß',

daß keine Faser

Des Herzens seinen Gram
verraten kann.

14.

Wenn du mich lieben mußt,
so sei's aus nichts
Als nur allein aus Liebe. Sage
nicht:
„Ich lieb sie um ihr Lächeln,
ihren Blick,
Die sanfte Rede, um die
eigne Art
Zu denken, die so ganz zu

meiner stimmt

Und manchen Tag mir schön

und heiter machte.“

Nein, Liebster: alles dies

kann in sich selbst

Sich ändern oder sich für

dich verändern,

Und so geborne Liebe kann

so sterben.

Lieb mich auch darum nicht,

weil dein Erbarmen,

Dein innig süßes, mir die

Wangen trocknet:

Wen lang du tröstest, der
verlernt vielleicht
Das Weinen und verliert so
deine Liebe.
Nein, lieb du mich aus Liebe,
– daß du ewig
Mich liebest, durch der
Liebe Ewigkeit.

15.

O klage mich nicht an, weil
ich vor dir
Ein allzu still und traurig

Antlitz trage;

Denn wir zwei blicken zwei

verschiedne Wege,

Und nicht dasselbe

Sonnenlicht kann uns

Um Haar und Stirne sein.

Du blickst auf mich

Ganz ruhig und getrost, wie

auf die Biene,

Die ein Kristall umschließt.

So hat das Leid

Mich in der Liebe göttlichen

Kristall

Fest eingeschlossen; und die
Flügel rühren
Und in die Lüfte fliehn war'
ganz unmöglich,
Wenn so Unmögliches ich je
versuchte.
Ich aber blick auf dich, auf
dich, und seh
Hinter der Liebe auch der
Liebe Ende,
Hör das Vergessen jenseits
des Gedenkens, –
Wie einer, der da starrt von

hohem Sitz
Über die Ströme auf das
bittre Meer.

16.

Und doch, weil du ein
Überwinder bist,
Weil adelig du bist und wie
ein König,
Kannst meine Furcht du
überwältigen
Und deinen Purpurmantel
um mich schlagen,

Bis daß mein Herz zu dicht
an deines wächst,
Um noch zu wissen, wie es
einsam bebte.
Nicht minder stolz und groß
zeigt sich der Sieg,
Wenn er erhebt als wenn er
niederschmettert.
Und wie der Überwundne
seine Waffe
Dem reicht, der ihn vom
blut'gen Boden hebt,
Ganz so, Geliebter, schreib

ich schließlich hin:

„Mein Kämpfen endet hier.“

Rufst du mich nun,

So steh ich auf aus der

Erniedrigung.

Lieb mich noch höher, daß

mein Wert sich höht.

17.

Mein Dichter, alle Saiten

kannst du rühren,

Die zwischen End' und

Anfang Gott gespannt,

Und aus der wirbelnden

Welten Lärm und Brausen

Greifst du und tönest du die

Melodie,

Die ruhig in den reinen

Lüften fließt.

Die Arzeneien heilender

Musik

Für aller Menschheit

tiefgeheimste Nöte,

Du kannst sie nun in ihre

Ohren träufen.

Gott weihte dich zu solchem
Werk, und mich,
Auf deinen Wink zu harren.
Sag denn, Liebster,
Was soll ich sein, das dir am
besten diene?
Ein Hoffen, daß du freudig
singst? Ein traurig
Schönes Gedenken, das dein
Lied durchbebt?
Ein Baumesschatten, unter
dem du singest?

Ein Grab, drauf du vom
Singen ruhest? – Wähle!

18.

Nie gab ich eine Locke
meines Haars
Je einem Mann, bloß dir,
Geliebter, diese,
Die ich nachdenklich über
meine Finger
Nun ringle bis zur vollen
braunen Länge
Und sag: „Nimm sie!“

Mein Jugendtag verging.
Mein Haar tanzt nie mehr zu
dem frohen Fuß,
Nie schmück ich's mehr mit
Rosen oder Myrthen,
Wie Mädchen tun. Nur auf
zwei blassen Wangen
Kann es die Tränenspuren
nun beschatten,
Schon lang gewohnt, am
Haupt herabzuhangen,
Das sich in Leiden auf die
Seite neigt.

Ich glaubte, erst die
Totenschere nähme
Die Locke, doch die Liebe ist
im Recht:
Nimm du sie! – und du
findest rein darauf
Nach allen diesen Jahren
noch den Kuß,
Den meine Mutter hier ließ,
als sie starb.

19.

Ein Handel am Rialto unsrer

Seelen:

Ich tausche Haar um Haar

auf diesem Markt

Und nehm von meines

Dichters Stirn ans Herz

Die Locke hier, die Galeonen

aufwiegt, –

So purpurschwarz, wie

Pindar es geschaut,

Als einst vor ihm die matten

Purpurflechten
Der Musen weiße Stirn
umdämmerten.
Denn hier das Gegenstück …
fast glaub ich, Liebster,
Des Lorbeerkranzes Schatten
ruht noch immer
Auf deiner Locke hier, sie ist
so schwarz!
Und so, mit sanftküssenden
Atems Band
Knüpf ich die Schatten fest
an dieses Haar

Und leg die Gabe an den
stillsten Ort,
Hier auf mein Herz;
gleichwie auf deiner Stirn
Soll ihr da nie des Blutes
Wärme mangeln,
Als bis es selbst erkaltet
einst im Tod.

20.

Liebster, mein Liebster,
wenn ich es bedenke,
Daß in der Welt du warst

vor einem Jahr,

Und ich saß einsam hier im

Schnee und sah

Nicht eine Fußspur, hörte

nicht einmal

Vor deiner Stimme dieses

Schweigen brechen;

Nein, Glied auf Glied all

meine Ketten zählt ich,

Als könnten nie vor einer

Hand wie deine

Sie niederfallen, – ja, bedenk

ich das,

Dann trink ich von dem

Wunderkelch des Lebens.

Welch Wunder war es,

niemals dich zu spüren,

Wie du mit Werk und Wort

die Zeit durchdrangst,

Niemals ein Vorgefühl von

dir zu pflücken

Mit jenen Blüten, die du

wachsen sahst. –

Genau so stumpf merkt auch

der Atheist;

Nicht Gottes unsichtbare

Gegenwart.

21.

Sag noch einmal und wieder

noch einmal,

Daß du mich liebest; wenn

es dir auch dünkt,

So wiederholt, kläng's wie

ein „Kuckucksruf".

Du weißt: nie ohne seine

Kuckucksweise

Naht sich den Höhn und

Weiten, Tal und Wäldern

Der junge Frühling all in

seinem Grün.

Und ich, Geliebter, mitten in

dem Dunkel

Gegrüßt von ungewisser

Geisterstimme,

Ich ruf in dieser

Ungewißheit Qual:

„Sprich noch einmal, du

liebst!"

Wer fürchtet wohl

Zu viele Sterne? da ein jeder

doch

Am Himmel kreisen muß; –

wer zu viel Blumen?

Da jede doch das Jahr

bekränzen soll.

Sag mir, du liebst mich,

liebst mich, liebst mich;

läute

Das silberne Noch-ein-Mal –

und denk allein,

Auch schweigend mich zu

lieben in dem Herzen.

22.

Wann unsre Seelen, stark
und aufgerichtet,
Antlitz zu Antlitz, nah und
näher kreisen,
Bis ihrer Schwingen lang
geschweifte Spitze
In Feuer ausbricht, – welches
bittre Leid
Kann uns die Erde dann
noch antun, Liebster,

Daß wir es uns nicht hier
gefallen ließen?
Bedenk es: würden wir jetzt
aufwärts schweben,
So drängten sich die Engel
her zu uns
Und wollten goldne Sterne
reinen Sangs
In unser tiefes teures
Schweigen tropfen.
Nein, laß uns lieber auf der
Erde bleiben!
Da weicht der Menschen

widrig fremdes Wesen,

Und reinen Seelen bleibt ein

einsam Eiland,

Wo einen Tag sie stehn und

lieben dürfen, –

Und ringsum ist das Dunkel

und der Tod.

23.

Ist's wirklich also? Läge hier

ich tot,

So würde dir damit ein

Leben fehlen?

Und kälter wäre dir der

Sonne Licht,

Weil Grabesfeuchte rieselt

um mein Haupt?

Ich staunte, als ich's las in

deinem Brief.

Geliebter, ich bin dein, –

doch ... dir so viel?

Kann meine bebende Hand

dir deinen Wein

Kredenzen?

Dann laß ich die

Todesträume

Und steig noch einmal
nieder in das Leben,
Dann lieb mich, Liebe! blick
mich, hauch mich an!
Wie hohe Frauen es nicht
seltsam finden,
Um Liebe aufzugeben Land
und Stand,
So laß um deinetwillen ich
das Grab,
Und meinen nahen süßen
Himmelsblick

Ich tausch ihn ein für diese

Welt mit dir!

24.

Laß du der Erde Schärfe wie

ein Messer

In sich zurückschnell'n,

unschädlich verschlossen

In dieser sanften, warmen

Hand der Liebe.

Und laß uns keinen Laut des

Erdenstreits

Mehr hören, wenn die

Klinge zugesprungen.

Leben zu Leben! Ich lehn

mich an dich,

Furchtlos und sicher, gleich

als wenn ein Zauber

Mich vor dem Stich der

Weltlinge behüte:

Sie drängen sich umsonst,

uns zu verwunden.

Ganz weiß noch können

unsers Lebens Lilien

Aus ihren Wurzeln wieder

Blüte treiben,

Allein dem ewigen Tau des

Himmels offen,

Hoch auf dem Berge,

Menschen weit entrückt.

Nur Gott, der uns gegeben,

kann uns nehmen.

25.

Ein schweres Herz hab ich

getragen, Liebster,

Von Jahr zu Jahr, bis ich dein

Antlitz sah.

Und Leid auf Leiden drängte

da sich ein,

Wo sonst all die natürlichen

Freuden wohnen,

So leicht getragen wie die

Perlenschnur,

Die bei dem Tanz ein Schlag

des Herzens hebt.

Hoffnungen wandelten sich

rasch in lange

Verzweiflung, bis selbst

Gottes teure Gnade

Kaum über die verlassene

Welt empor

Hätt' heben können mein so

schweres Herz.

Da hießest du mich's

bringen und versenken

Hin in dein ruhig großes

tiefes Sein.

Schnell sinkt's, wie etwas,

das sein eignes Wesen

Hinabzieht, und darüber

schließt sich deins,

Ein Mittler zwischen Sternen

und dem Abgrund.

26.

Mit Traumgestalten hab' ich
einst gelebt
Anstatt mit Menschen.
Liebliche Gefährten
Fand ich an ihnen, süßere
Musik
Dacht' niemals ich zu hören
als ihr Spiel.
Bald aber lag auf ihren
Purpurschleppen
Der Staub der Welt, stumm

wurden ihre Lauten,
Und ich, wie ihre Augen mir
entschwanden,
Ward Selber blind und
schwach.
Da kamest du,
Um das zu *sein*, Geliebter,
was sie *schienen*.
Ihr Glanz und Singen, ihre
Strahlenstirnen
Flossen in dich – dasselbe
und doch besser:
Wie Flußwasser geweiht

wird in dem Taufstein –

Und aus dir haben sie nun

meine Seele

Mit der Erfüllung jeglichen

Bedürfens

Ganz überwältigt; ... denn

die Gaben Gottes

Beschämen noch des

Menschen besten Traum.

27.

Mein einziger Geliebter, der

du mich

Emporhobst von dem öden
Feld der Erde
Und in die matten Locken
mir den Atem
Des Lebens hauchtest, bis
voll Hoffnung wieder
Die Stirne strahlt vor deinem
Heilandskuß;
Mein Einz'ger, Einz'ger, der
du zu mir kämest,
Als all die Welt gegangen
war, – und ich,
Die nur auf Gott noch hoffte,

ich fand dich!

Dich find ich, sicher bin ich,

stark und froh.

Wie einer von den stillen

Hadeswiesen

Zurückschaut auf die leid'ge

Zeit des Lebens,

So mitten inne zwischen

Heil und Übel

Leg ich hier heißen Herzens

Zeugnis ab:

Liebe, stark wie der Tod,

erlöst wie er.

28.

Hier meine Briefe! Tote,

stumme Blätter!

Und dennoch ist's, als lebten

sie und bebten

In meiner Hand, wie sie den

Faden löst

Und zitternd in den Schoß

sie gleiten läßt.

Der sagt', er sah mich gern

mal wie ein Freund;

Und der bestimmte einen

Frühlingstag,

Da wollt' er kommen, mir

die Hand zu drücken:

Es war so wenig, doch ich

weinte drum.

Hier dieser sagte ›leicht

wiegt das Papier‹:

„Ich liebe dich!" – und ich

sank hin und zagte,

Als donnre Gottes Zukunft

an mein Sein.

Der sagte: „Ich bin Dein" –

und seine Züge

Sind so verblaßt an meinem

Herzen hier.

Und *der* – o, deine Worte

haben wenig

Gewirkt, du liebster Mann,

wollt' ich am Ende

Gar wiederholen,

was *der* Brief gesagt.

29.

Ich denke dein: – es knospen

meine Gedanken

Und ranken sich um dich,

wie wilder Wein
Um einen Baum die breiten
Blätter schlingt,
Und bald ist nichts zu sehn
als wuchernd Grün,
Das ganz den Stamm
verhüllt.
Doch du, mein Palmbaum,
Versteh mich recht: ich will
nicht meine Gedanken
An deiner Statt, denn du bist
edler, besser.
Nein, stelle gleich dich

selber wieder ein,

Schüttle die Äste und befrei

den Stamm,

Wie's einem starken Baum

gebührt, und laß

Die grünen Fesseln, welche

dich umringen,

Zersprengt, zerrissen, schwer

herniedersinken.

Denn selig, dich zu sehen,

dich zu hören,

In deinem Schatten neue

Luft zu atmen,

Denk ich nicht mehr, – ich

bin dir viel zu nah.

30.

Heut' Nacht seh ich durch

Tränen nur dein Bild

Und war doch heiter, als ich

Tags dich sah.

Machst du mich denn so

traurig? Tu ich's selber?

So zwischen Jubelsang und

Dankesfeier

Mag wohl der

Priesterjüngling vorm Altar

Mit fühllos bleicher Stirn zu

Boden stürzen.

Seitdem du jetzt aus meinen

Augen biß,

Hör deine Stimme, hör ich

dein Gelübde

Unsicher und verworren,

gleichwie jener

Des Chores Amen im

ohnmächt'gen Ohr.

Geliebter, liebst du mich

denn? oder hab ich

All diese Herrlichkeit im
Traum gesehn
Und ward bewußtlos, als zu
starkes Licht
Das Strahlenbild, das sich
mein Geiß gemacht,
Noch mehr verklärte?
Kommt das Licht mir
wieder,
Wie jetzt die Tränen
kommen, – heiß und
wirklich?

31.

Du kommst! Und alles sagt
sich ohne Laut.
Ich sitze wieder unter deinen
Blicken,
Wie Kinder in der
Mittagsonne sitzen,
Mit Seelen, die durch ihre
Lider zittern
Vor stummer, aber
quellender Seligkeit.
Sieh, daß ich jüngst so

zweifelte, war unrecht.

Doch mehr als diese Sünde

schmerzt mich noch

Die Möglichkeit, daß einen

Augenblich

Wir uns nicht beieinander

fühlen sollten.

Bleib deiner Taube nah, du

meine Hülfe!

Und wenn Sich meine Angst

erheben will,

So senk dich, großes Herz,

gelassen nieder

Und unterm Fittich deiner
Göttlichkeit
Gib Ruhe den Gedanken, die
da zittern,
Sobald du ihnen fehlst, – wie
Vogelbrut,
Die nackt und einsam
unterm Himmel duckt.

32.

Als über deinem
Liebesschwur die Sonne
Zum erstenmal aufging,

dacht ich des Mondes,
Der wieder lösen müsse
diese Fäden:
Sie schienen allzu bald und
rasch geknüpft,
Als daß solch ein Gelübde
dauern könne.
Wer rasch liebt, meint ich,
ist es rasch auch leid,
Und sah ich auf mich selber,
so schien ich
Mir keine für Solch eines
Mannes Liebe;

Mehr eine abgenutzt
verstimmte Geige,
Mit der steh zum Verdruß
ein guter Sänger
Sein Lied verdürbe, und die,
schnell ergriffen,
Beim ersten Mißton
hingeworfen wird.
Nicht mir hab Unrecht ich
damit getan,
Doch dir. Denn unter
Meisterhänden strömt
Auch aus verdorbnem Werk

ein reiner Klang,

Und hohe Seelen tun

mit *einem* Griff

Die große Tat und ... eine

kleine Narrheit.

33.

Ja, rufe mich mit meinem

Kosenamen!

Laß mich den Namen hören,

bei dem einst:

Als Kind ich hinlief vom

unschuld'gen Spiel

Und ließ die

Schlüsselblumen alle liegen,

Um in zwei liebe Augen

aufzuschaun.

Mir fehlen jene zärtlich

hellen Stimmen,

Sie rufen mich nicht mehr,

seit sie verklärt

Zum Sang der himmlisch

Reinen eingegangen.

Und Schweigen auf der

Bahre, während ich

Gott rufe, rufe! –

So laß deinen Mund
Den Erben derer werden, die
entschlafen.
Füg zu des Südens Blumen
die des Nordens,
Nimm frühre Liebe in die
späte auf,
Ja, ruf mich bei dem Namen,
und ich will
Dir mit demselben Herzen
Antwort geben.

34.

Antworten mit demselben

Herzen dir

Wie jenen, wenn du meinen

Namen rufst?

Eitles Versprechen! Ist

dasselbe denn

Dasselbe noch, wenn es der

Lebenskampf

In Aufruhr und Verwirrung

hat gebracht?

Wenn man mich damals rief,
so ließ ich rasch
Die Blumen fallen, ließ von
einem Spiel
Und lief und gab mit einem
Lächeln Antwort,
Das bei dem Spiel zuletzt
gekommen war
Und nun mit mir durch
mein Gehorchen ging.
Antwort' ich jetzt, so laß ich
einen ernsten
Gedanken fallen, laß die

Einsamkeit.

Doch geht mein Herz zu dir,

nicht wie zu einem,

Nein, als zum einz'gen

Glück. Leg deine Hand

Darauf und gib mir's zu:

Kein Kinderfuß

Könnte so eilig laufen wie

dies Blut.

35.

Wenn alles ich um

deinetwillen lasse,

Willst du's vergelten und mir
alles sein?
Werd' ich das häusliche
Geplauder niemals
Entbehren und den Segen
und den Kuß,
Der zu uns allen nach der
Reihe kommt?
Wird mir's nicht Seltsam
werden, blick ich auf
Und fällt mein Auge dann
auf neue Wände
Und neue Dielen, auf ein

andres Heim?

Und willst du gar den Platz

ausfüll'n bei mir,

Den toter Augen zarte

Gegenwart

Nicht mehr verlassen will?

Das ist das Schwerste!

Die Liebe zu verdrängen,

war schon mühsam,

Mühsamer ist's, den Gram

zu überwinden,

Denn wahrer Gram ist Lieb'

und Gram dazu.

Ach, ich hab so gegrämt

mich, daß ich schwer

Zu lieben bin. – Doch liebe

mich! willst du?

Weit öffne du dein Herz und

schließ darein

Die regenfeuchten Flügel

deiner Taube.

36.

Als wir zuerst in Liebe uns

gefunden,

Da hab ich nicht mit

Marmor drauf gebaut.

Konnt sie denn dauern

wollen, eine Liebe,

Die also schwebte zwischen

Leid und Leid?

Nein, ich erbebte, jedem

Licht mißtrauend,

Das mir den Pfad vergolden

wollt', und wagte

Auch nicht um Fingersbreit'

mich vorzulehnen.

Zwar wurd' ich stark und

ruhig seit der Zeit,

Und doch will Gott wohl,

daß ich immer wieder

Mich ängste, die

verschlungnen Hände

möchten

Nicht ewig halten, dieser

unser Kuß

Müßt' einmal zwischen

kaltgewordnen Lippen

Zu Boden sinken, gleichwie

herrenlos.

Sei Trug, o Liebe, wenn,

um *einen* Eid

Zu halten, er *ein* Glück
verlieren müßte,
Das einstens ihm sein
Lebensstern verhieß.

37.

Verzeih, verzeihe, daß ich
mir ein Bild
Aus Sand nur, das
zerbröckelt und zerweht,
Von all der starken
Göttlichkeit gemacht,

Die ich als deine kenne und

als dich.

Sieh, alte Jahre, welche deine

Herrschaft

Nicht trugen, sind nun jäh

zurückgeschnellt

Und haben übermocht mein

schwindelnd Hirn,

An ihre Furcht und Zweifel

hingegeben

Dein reines Ebenbild blind

zu verlassen

Und deine teure Lieb' in

bill'ge Fälschung

Mir zu entstellen.

Gleich als wollt' ein Heide,

Aus Schiffbruch in den

sichern Port gerettet,

Dem Meergott zum

Gedächtnis, der ihm half.

Im Tempel aufstell'n eines

Tümmlers Bild –

Mit schnaubenden Kiemen

und dem Zitterschweif.

38.

Mit seinem ersten Kuß
berührt' er nur
Die Finger dieser Hand, mit
der ich schreibe.
Seitdem ward immer weißer
sie und reiner,
Langsam, die Welt zu
grüßen, aber rasch
Mit ihrem „Lausche!“, wenn
die Engel sprechen.
Kein Amethystring könnt'

mir auf der Hand

Sichtbarer sein als dieser

erste Kuß.

Der zweite überflog ihn hoch

und suchte

Die Stirn, und halb sein Ziel

verfehlend sank

Er halb aufs Haar. O Gabe

aller Gaben!

Das war der Liebe Salböl, das

so süß

Die Stätte weihte für der

Liebe Krone.

Auf meine Lippen aber ward
entfaltet
Der dritte Kuß in voller
Purpurpracht.
Da ward ich stolz und
sprach: „Mein Lieb, mein
Eigen.“

39.

Weil du die Gnade hast und
die Gewalt,
Zu blicken durch und hinter
diese Maske,

Die vieler Jahre Regen so
gebleicht,
Und meiner Seele wahr
Gesicht zu schaun,
Den trüben müden Zeugen
meines Kampfes,
Weil du den Glauben und
die Liebe hast,
Durch dieser Seele quälend
wirre Starrheit
Den Engel, den geduldigen,
zu sehn,

Der eines Platzes harrt im
neuen Himmel,
Weil nicht die Sünde noch
das Weh noch Gottes
Heimsuchung noch des
Todes Nachbarschaft
Noch alles, was die andern
von mir wendet,
Noch alles, was mir selber
mich verleidet, –
Nichts stößt dich ab, ...
Geliebter, lehr mich denn

So Dankbarkeit ausströmen

wie du Güte.

40.

O ja, sie lieben durch die

ganze Welt.

Ich will nichts gegen diese

Liebe sagen,

Die man wahrhaftig Liebe

nennt. Von Liebe

Hört' ich in meiner ersten

Jugend reden

Und Später auch, – 's ist

nicht so lange her,

Daß nicht die Blumen, die

man damals pflückte,

Noch dufteten. Giaur und

Muselman

Werfen die Tücher einem

Lächeln zu

Und haben kein Erbarmen

mit dem Weinen.

Es gleitet Polyphems

hellblanker Zahn

Die Nuß entlang, wenn

Regen ihre Schale

Zu glatt gemacht, und

weniger bedarfs,

Damit sich das, was jene

„Liebe“ nennen.

Zum Haß wegwende oder

zum Vergessen.

Du aber liebst nicht so, du

mein Geliebter.

Du kannst durch Leiden

harren und durch Leid,

Bis daß du Seelen zur

Berührung bringst,

Und ruft die Welt „Zu spät!“,

so meinst du „bald“.

41.

Allen, die mich geliebt in

ihrem Herzen,

Dank' ich mit meines

Herzens Dank und Liebe.

Ja tiefer Dank all denen, die

ein wenig

Bei meiner Kerkermauer

stehn geblieben,

Mein Lied zu hören, wenn es

lauter schwoll,

Bevor zu ihrem Tempel oder

Markte

Sie weiter gingen, nicht

mehr zu errufen.

Doch du, – wie meine

Stimme sank und fiel,

Weil Schluchzen sie

benahm, du warfest hin

Das teure Werkzeug deiner

Gotteskunst,

Zu lauschen, was ich

zwischen Tränen sagte.

So weise mich, wie dir ich

danken soll.

O könnt' ich alles, was ich

fühl und meine,

In künft'ge Jahre gießen, daß

sie ihm

Die vollen Worte leihn, –

vom flücht'gen Leben

Die Liebe grüßend, die da

nimmer aufhört.

42.

„Die Zukunft schreibt mein
Gestern erst ins Reine
Bei Gott im Buch des
Lebens!“ sagt ich einst;
Und im Gefühl, mein
Lebensengel stehe
An meiner Seite und
bekräftige
Dies Wort mit fleh'ndem
Blick vor Gottes Thron,
Wandt' ich mich um – und

sah statt seiner dich,

Mit dem die Engel sind.

Da hab ich rasch

Nach so viel Leiden endlich

Trost empfangen,

Und blühend sproß vor dir

mein Pilgerstab

Von jungem Laube,

morgentau-umperlt.

Nach keiner Reinschrift

meines alten Lebens

Frag ich jetzt mehr. Laß die

zerlesnen Blätter

Und schreib mir neu die
Aufschrift meiner Zukunft, –
Mein neuer Engel, hier nicht
mehr erhofft!

43.

Wie lieb ich dich? Laß mich
die Arten zählen.
Ich lieb dich bis zur Tiefe,
Weite, Höhe,
Dahin mein Geist kann
dringen, wenn er einsam
Dem Sinn des Seins und

höchster Gnade nachsinnt.

Ich lieb dich bis zur

Niederung hinab,

Auf der des Alltags kleinster

Wunsch sich regt.

Ich lieb dich frei, wie

Männer stehn fürs Recht,

Ich lieb dich rein, wie sie

vom Ruhm sich kehren.

Ich lieb dich mit dem

Glauben meiner Kindheit

Und meines alten Grames

Leidenschaft.

Ich lieb dich mit der Liebe,
die mit meinen
Verlornen Heiligen ich fast
verlor.
Ich lieb dich mit dem Atem,
Lächeln, Weinen
All meines Lebens, und
wenn Gott es fügt,
So lieb ich dich noch tiefer
nach dem Tod.

44.

Viel Blumen, frisch vom

Garten, hast du mir

Das ganze Jahr gebracht; es

schien, als wüchsen

Sie hier im Zimmer und

entbehrten nicht

Den Sonnenschein und

Regen. So nimm hier

Im gleichen Namen dieser

unsrer Liebe

Dagegen die Gedanken, die

hier auch

Erblüht und die an warm

und kalten Tagen

Von meines Herzens Grunde

ich gepflückt.

Ja freilich: jene Beete, jene

Lauben

Sind hoch von bittrem

Unkraut überwachsen

Und harren deiner Hand.

Doch hier ist Efeu,

Hier wilde Rose: nimm du

sie, Geliebter,

Wie deine Blumen immer
ich genommen,
Und hege sie, wo sie niemals
verschmachten.
Lehr deine Augen, ihre Farbe
treu
Sich zu bewahren, und sag
deinem Herzen,
Daß in dem meinen ihre
Wurzeln ruhn.